COMMENT FAIRE DE L'ARGENT EN LIGNE

COMMENT FAIRE DE L'ARGENT EN LIGNE

COMMENT FAIRE DE L'ARGENT EN LIGNE

CONTENU

Introduction

Briser les mythes

Départ

Types d'entreprises en ligne légitimes

- Entreprises basées sur les services
- Le marketing d'affiliation
- Vendre sur E-Bay
- Gagnez de l'argent sur les sites d'adhésion
- Gagnez de l'argent en vendant des produits
- Gagnez de l'argent en vendant des produits de type informationnel
- Gagner de l'argent en bloguant
- Gagnez de l'argent en formant les autres
- Gagnez de l'argent dans le domaine de la généalogie
- Gagnez de l'argent avec la PAO

- Créer une entreprise à partir d'idées inhabituelles

Commercialiser votre entreprise en ligne
Stratégies pour réussir votre entreprise

- Site Web
- Courrier indésirable
- Articles et autres contenus écrits
- Socialiser pour le marketing
- Techniques de marketing diverses

Marketing amusant

Dernières pensées

Introduction

Nous vivons dans un monde incertain, mais il y a une chose que nous savons être vraie... et c'est que les temps sont durs. L'inflation augmente sur presque tous les fronts. Vous avez du mal à joindre les deux bouts, mais juste au moment où vous pensez que vous faites des progrès, la vie vous donne une gifle.

Les factures s'accumulent, le coût des produits de première nécessité augmente et le prix du gaz continue de fluctuer. Vous avez connu un moment de votre vie où travailler pour gagner sa vie semble vous pousser plus loin dans un trou que vous ne pouvez pas creuser.

Prenez une grande respiration... Détendez-vous... et lisez ce livre, car il vous aidera à comprendre qu'il existe une réponse à cette situation exaspérante dans laquelle vous vous êtes trouvé. Vous pouvez gagner votre vie sans vous ensevelir sous une avalanche. Vous pouvez vous lever et voir la lumière du soleil qui réchauffe l'âme, comme d'autres l'ont fait.

Soyez rassuré de savoir que la paix intérieure est à votre portée ; et nous vous montrerons comment la trouver en mettant vos revenus en ligne.

Briser les mythes

Puisque nous parlons de gagner sa vie en ligne, il est important que les problèmes de fraude sur Internet soient abordés. Vous voulez être au courant, mais il n'y a aucune raison de laisser des doutes vous barrer la route lorsque vous décidez de la voie à suivre pour le commerce en ligne.

De nos jours, escroquerie, spam et fraude semblent être synonymes du mot internet. De nombreux cyniques mettent en avant cette façon de gagner sa vie juste parce qu'Internet est impliqué. Ils crieront à l'escroquerie ou à la fraude sur les toits lorsqu'ils entendront parler de toute possibilité de gagner de l'argent en ligne.

Bien que des escroqueries existent dans le cyberespace commercial en ligne, il existe de nombreuses possibilités légitimes à explorer. La recherche vous fournira une foule d'informations et de conseils pour détecter ces escroqueries, afin que vous puissiez aller de l'avant et gagner votre vie dans le confort de votre foyer.

Au fil des ans, les escroqueries et les fraudes se sont multipliées dans tous les domaines de l'internet, ce qui a naturellement amené les gens à s'inquiéter de tout ce qui se passe en ligne. Il existe des moyens légitimes de gagner de l'argent sur l'internet - de nombreuses personnes l'ont fait avec succès et continuent de le faire aujourd'hui. Ne laissez donc pas passer cette occasion à cause de doutes persistants.

Ce livre vous montrera comment gagner de l'argent en toute légalité et éviter ces vilaines escroqueries qui pourraient profiter de vous.

Plus vous serez informé des escroqueries sur Internet, plus vous serez en sécurité lorsque vous chercherez une entreprise en ligne. Prenez les devants et contrôlez l'avenir de votre entreprise avant que quelqu'un ne tente de profiter de vous. Faisons exploser certains des mythes de l'arnaque!

Voici quelques-unes des déclarations populaires faites par la plupart des escroqueries sur Internet et la vérité qui se cache derrière elles:

Mythe: "Gagner de l'argent en une nuit" Ces escroqueries vous promettent un moyen de gagner de l'argent pendant votre sommeil. Ils donnent l'impression qu'il y a peu de travail à faire pour obtenir cela.

Vérité: Bien qu'il soit possible de le faire, il faudra beaucoup de travail et beaucoup de dévouement pour faire cette affirmation. La plupart des entreprises en ligne mettront du temps à démarrer, mais au final, cela en vaut la peine.

Mythe: "Transformez votre ordinateur en distributeur automatique de billets pour gagner de l'argent ! - En fait, de nombreuses déclarations commencent par ce genre de discours commercial.

Vérité: la déclaration elle-même peut être vraie, mais attention à un discours de vente qui commence de cette façon. La plupart des opportunités commerciales en ligne permettent de vendre l'entreprise elle-même. Les arnaqueurs ont tendance à vendre l'avantage de gagner de l'argent. En général, dans ce cas, il n'y a vraiment pas d'affaires pour vous. Pour l'escroc, ils gagnent de l'argent grâce à des gens qui les paient pour ce qu'ils disent qu'ils leur donneront.

Mythe: "Démarrez votre entreprise gratuitement, sans argent ! Ils font la promotion du fait que vous pouvez créer une entreprise sans aucuns frais de démarrage.

Vérité: Ce type d'escroquerie consiste à crier la déclaration "pas d'argent en jeu", puis à vous retourner et à vous demander de leur fournir un certain nombre d'informations sur la manière de créer une entreprise gratuitement. Hmm... Ne se contredisent-ils pas ? La création d'une entreprise entraîne certains coûts, mais il est rare qu'ils fassent sauter la banque.

Mythe: "Commencez à écrire à la maison pour gagner votre vie" : cette déclaration est similaire à de nombreuses autres sur Internet qui prétendent que vous pouvez démarrer une entreprise à la maison grâce à vos compétences en matière de dactylographie ou, dans certains cas, de saisie de données.

Vérité: Oui, vous pouvez gagner de l'argent en écrivant ou en saisissant des données depuis chez vous. Il est préférable d'offrir ces services à vos clients et d'éviter de payer des escrocs pour obtenir des informations sur la manière de procéder. Vous pouvez découvrir comment faire, grâce à vos propres recherches gratuites !

Il existe de nombreuses autres possibilités d'escroquerie, mais celles-ci vous donneront quelques idées sur la manière dont ces escroqueries fonctionnent et sur les personnes qui aiment en tirer parti. Connaissez vos options et n'ayez pas peur d'examiner les possibilités qui vous mettent mal à l'aise.

Départ

La crainte du processus de création d'entreprise tend à faire retarder la création d'une entreprise propre. Cette crainte se résume généralement au fait qu'ils ne savent tout simplement pas comment faire ni par où commencer. Ce rapport vous aidera dans ce processus afin que vous puissiez calmer vos craintes et passer facilement la phase de démarrage.

Commençons par quelques questions fréquemment posées par la plupart des nouveaux venus dans le processus de démarrage.

"Dois-je avoir des compétences ou des qualifications particulières pour créer ma propre entreprise?

Vous devrez avoir des connaissances dans le domaine dans lequel vous vous lancez, mais vous n'avez pas besoin d'un diplôme universitaire ou commercial pour vous lancer dans votre propre entreprise. Bien entendu, cela dépendra du type d'entreprise que vous souhaitez créer.

Une simple enquête sur le domaine dans lequel votre entreprise potentielle sera située suffira à vous donner ce dont vous avez besoin dans la plupart des cas. Si vous envisagez de proposer un service tel que la conception de sites web, etc., vous devez posséder certaines compétences dans ce domaine avant d'essayer de créer votre entreprise.

Les diplômes universitaires et l'expérience sont toujours utiles pour acquérir de l'expérience dans un domaine, mais en général, il n'est pas nécessaire d'avoir un diplôme pour avoir sa propre entreprise en ligne. La connaissance a plus de pouvoir en ligne, il sera donc plus important de lire tout ce qui concerne votre domaine.

Cela coûtera-t-il beaucoup d'argent?

Créer son propre commerce en ligne ne coûte généralement pas cher. L'argent que vous investissez est principalement destiné à un ordinateur, un accès à Internet et un site web. Tous les autres coûts seront fonction du type d'entreprise dans lequel vous souhaitez vous lancer.

Les entreprises que vous vendrez les articles que vous avez créés prendront un peu d'argent pour stocker les articles de l'inventaire, mais de bonnes affaires peuvent être trouvées sur Internet à cette fin. Si vous envisagez de vendre un service, tel que la conception de sites web, vous devrez ajouter des logiciels à votre liste d'outils à acheter.

Dans la plupart des cas, vous n'aurez pas à vous rendre à votre banque locale et à la supplier de vous offrir un prêt. Trouvez les meilleures offres sur les articles dont vous avez besoin pour l'entreprise que vous choisissez et vous n'aurez pas à vous soucier des taux d'intérêt qu'un prêt ajouterait à votre budget.

"Serai-je toujours en mesure de lancer ma propre entreprise en ligne, même si je n'ai jamais exploité ma propre entreprise auparavant?

Absolument. Des centaines de vendeurs sur Internet ont créé leur propre entreprise et ont réussi sans aucune expérience commerciale préalable. Là encore, tout cela s'ajoute au temps et aux efforts que vous consacrez à vos recherches.

L'Internet lui-même met à votre disposition une grande quantité d'informations qui vous aideront à apprendre tous les aspects de l'entreprise que vous souhaitez créer. Vous pouvez trouver des conseils, des astuces et toutes sortes d'informations auprès de personnes qui ont vécu et fait cela, alors utilisez cette ressource pour obtenir le pouvoir qui vous donnera les connaissances.

"Combien d'argent puis-je gagner grâce à une entreprise en ligne?

Cela varie en fonction de nombreux facteurs. Le type d'entreprise que vous lancez, le temps et les efforts que vous y consacrez et le retour sur investissement de ce que vous offrez, tout cela joue un rôle dans ce que vous ferez essentiellement.

Certains vendeurs sur Internet gagnent un revenu à six chiffres, tandis que d'autres gagnent le même montant qu'un travailleur à temps plein dans un fast-food. Quel que soit le chiffre d'affaires de votre entreprise, vous serez toujours en avance sur ceux qui se rendent à vos postes de travail. L'argent qu'ils dépensent pour l'essence, les vêtements de travail et les repas, etc. est de l'argent qui va dans leur poche et non dans celle de quelqu'un d'autre.

"Ai-je vraiment besoin d'un site web?"

Vous aurez besoin d'un site web pour gérer votre entreprise. Vous devrez vendre vos produits ou montrer aux clients potentiels les services que vous avez à offrir. Il vous sert de "bureau" ou de "magasin", mais vous n'aurez pas besoin de louer un espace coûteux dans un bâtiment pour l'utiliser pour vos activités en ligne.

Les sites web sont assez faciles à créer si vous utilisez l'un des nombreux logiciels de conception de sites web ou services de création de sites web. Si vous le souhaitez, vous pouvez également engager un concepteur de sites web pour créer un excellent site pour votre entreprise, alors ne laissez pas votre manque de compétences en matière de conception de sites web vous arrêter.

"Ai-je besoin d'une licence spéciale pour exploiter une entreprise en ligne?

Vous devrez vérifier auprès des organismes gouvernementaux locaux pour déterminer ce dont vous aurez besoin dans votre région. Chaque domaine est différent, il est donc préférable de vérifier et de voir ce dont vous avez besoin avant de créer votre entreprise.

"Je suis nerveux à l'idée de prendre de l'argent aux clients. Et si je bousille le système de traitement des paiements?

Si vous vendez des articles, vous voudrez utiliser un système de paiement en ligne tel que PayPal ou Clickbank. Ces programmes prendront en charge l'ensemble du processus de paiement pour vous, y compris les remboursements. Le logiciel de panier d'achat est souvent fourni avec un programme de construction de sites web, alors profitez de cette option.

Types d'entreprises en ligne légitimes

Il existe plusieurs types d'entreprises en ligne parmi lesquelles vous pouvez choisir pour démarrer. Vous devez cocher chaque option et voir laquelle répond à vos besoins avant de continuer. Voici quelques-unes des entreprises en ligne les plus populaires dans lesquelles les gens s'impliquent et ce que chacune d'entre elles implique:

Entreprises basées sur les services

Une entreprise de services est une entreprise qui offre une certaine forme de service à des clients potentiels. En voici quelques-unes :

- Rédaction
- Conception de sites web
- Comptabilité / Tenue de livres
- Assistant virtuel

D'autres propriétaires de petites entreprises éprouvent des difficultés à effectuer toutes leurs tâches commerciales eux-mêmes, et ils sous-traitent donc ces projets à quelqu'un d'autre. Ils recherchent des personnes pour leur fournir les services dont ils ont besoin.

Si vous avez de l'expérience dans certains de ces domaines, vous pouvez la proposer comme un service en créant votre propre entreprise en vous vendant. Par exemple, si vous avez une certaine expérience de l'écriture et que vous savez bien écrire, vous pouvez offrir ce service à d'autres personnes qui ont besoin d'écrire sur leurs sites.

Quelles sont les compétences nécessaires?

Selon le type de service que vous choisissez de fournir à vos clients potentiels, vous devez avoir des compétences à votre actif. Il n'est pas nécessaire d'être titulaire d'un diplôme pour effectuer ces services, mais les clients aiment voir que vous avez une certaine expérience pour accomplir les tâches qu'ils doivent accomplir.

Le travail en ligne ne permet pas le contact en face à face que les entreprises physiques ont lors de l'embauche de leurs employés. La confiance devient un peu plus difficile en ligne, c'est pourquoi les gens aiment savoir que la personne qu'ils embauchent a des compétences et des connaissances dans un domaine particulier.

Bien qu'il ne soit pas nécessaire d'avoir plus de 10 ans d'expérience dans la prestation de services, le fait d'avoir déjà fourni un service et d'avoir des témoignages à l'appui de cette demande est très utile.

Quels sont les outils nécessaires?

Les outils dont vous aurez besoin dépendront du type de services que vous prévoyez de fournir. Les plus courantes que la plupart des entreprises de services devraient avoir sont

- Ordinateur
- Un accès fiable à Internet
- Téléphone
- Programme de courrier électronique

- Site web

Il y aura probablement aussi quelques logiciels à obtenir. Chaque service en utilise quelques uns différents, mais la plupart ont besoin d'un programme de traitement de texte, d'un programme Excel, et certains utilisent un programme de conception web.

Vous devriez envisager un programme de messagerie instantanée pour les clients qui aiment pouvoir vous contacter instantanément sans avoir à utiliser le téléphone pour appeler ou à attendre une réponse par courriel.

Comment commencer?

La première chose à faire est de décider quel type de service vous comptez offrir à vos clients. Notez tout ce qui vous vient à l'esprit et qui montre que vous avez une certaine expérience ou connaissance dans ce domaine particulier.

Ensuite, créez votre site web. Présentez vos compétences ou votre expérience sur votre site et donnez à vos clients le témoignage d'autres personnes qui ont utilisé vos compétences et sont satisfaites des résultats. Affichez vos tarifs et toute autre information sur la façon dont vous gérez votre entreprise.

Commercialisez votre site à différents endroits sur Internet afin que votre entreprise en ligne soit disponible pour que les clients potentiels puissent la trouver et la consulter. Lorsque les clients vous contactent pour s'inscrire à un service dont ils ont besoin, répétez comment les choses se passent. Par exemple, faites-leur savoir comment ils seront facturés pour le travail effectué et combien cela coûtera, etc.

Il faudra un certain temps pour constituer une liste de clients réguliers, alors ne vous attendez pas à gagner des tonnes d'argent tout de suite. Donnez-lui du temps et continuez à promouvoir votre entreprise de services jusqu'à ce que vous en arriviez à rejeter pratiquement des clients parce que vous êtes trop occupé.

La gestion d'une entreprise de services est une option parfaite pour ceux qui exercent déjà ce service dans un autre emploi. Dans la plupart des cas, vous pourriez gagner plus d'argent en offrant ces services en ligne qu'en travaillant dans une position physique.

Le marketing d'affiliation

Il s'agit d'un commerce en ligne où vous utilisez votre expertise en matière de vente et de marketing pour inciter les consommateurs à acheter les produits d'autres personnes et à tirer un revenu de la vente que vous avez faite. En général, vous gagnez une somme d'argent prédéterminée en fonction des ventes que vous faites de ces produits, mais dans certains cas, vous pouvez gagner de l'argent grâce aux clics sur votre site qui conduisent les consommateurs vers les sites web affiliés.

Parfois, vous pouvez gagner de l'argent en faisant en sorte que les clients s'inscrivent pour recevoir des articles sur les sites affiliés, tels que des bulletins d'information, etc. Chaque programme d'affiliation vous expliquera plus en détail son fonctionnement. Lorsque vous vous inscrivez à son programme, assurez-vous de vérifier comment fonctionne votre processus. Cela se fera par le biais d'un lien d'affiliation que vous serez amené à placer sur votre site.

Quelles sont les compétences utiles?

Il n'est pas nécessaire d'être un vendeur ou un vendeur pour être un vendeur affilié. Toutefois, il sera important de savoir comment faire ces choses. Apprenez tout ce que vous pouvez sur le fonctionnement du marketing en ligne et découvrez comment réussir en tant qu'affilié auprès d'autres grands spécialistes du marketing.

Il vous faudra beaucoup de travail et de dévouement pour assurer le succès de votre entreprise de marketing d'affiliation. Si vous n'avez pas le temps ou l'envie de travailler dur, ne considérez pas cela comme votre activité en ligne.

De quels outils avez-vous besoin?

Les outils nécessaires seront minimes. En plus de l'ordinateur habituel avec un accès Internet fiable, vous aurez besoin d'un site web pour vendre les produits affiliés. Vous n'aurez pas besoin de faire des stocks, mais seulement de vendre les produits.

Votre site web aura régulièrement besoin de nouveaux contenus, alors soyez prêt à écrire vous-même certains articles ou à engager quelqu'un pour le faire à votre place. Un blog avec un lien vers votre site sera également utile pour que les moteurs de recherche soient satisfaits de vous.

Comment commencer?

Vous devrez déterminer le créneau dont vous disposez pour votre site de marketing d'affiliation. Cela vous aide à vous démarquer de vos concurrents. Par exemple, vous pourriez utiliser la nutrition comme votre créneau. Créez ensuite un site web en fonction du créneau que vous avez choisi pour votre entreprise.

Trouvez ensuite des produits affiliés à vendre à partir de ce site. Assurez-vous que les produits que vous décidez de vendre pour votre entreprise sont liés d'une manière ou d'une autre à la niche que vous avez choisie pour votre activité de marketing d'affiliation.

Ensuite, si votre créneau est dans le domaine de la nutrition, vous voudrez proposer des produits affiliés qui sont liés d'une manière ou d'une autre à la nutrition. Si vous ne proposez pas de produits connexes dans votre entreprise, vous courez le risque de paraître non professionnel et les moteurs de recherche ne seront pas très contents de vous non plus.

Il y a beaucoup de gens qui gagnent bien leur vie avec ce type d'entreprise. Il est important de se rappeler que la majeure partie du travail que vous aurez dans ce type d'entreprise consistera à commercialiser votre site web pour que les consommateurs le trouvent. Lorsqu'ils vous trouveront, votre site devrait pouvoir les intéresser à vos produits au point qu'ils achèteront en utilisant vos liens.

Vendre sur E-Bay

C'est un autre commerce en ligne populaire avec lequel beaucoup de gens commencent. E-Bay est un site d'enchères en ligne très populaire que des millions de personnes utilisent chaque jour pour trouver de bonnes affaires sur les articles qu'elles recherchent.

Vous pouvez vendre tout ce que vous avez chez vous, ainsi que des articles en utilisant une méthode d'expédition directe. Si vous faites une recherche sur le site e-bay, vous verrez une grande variété d'articles que les gens vendent. Il peut s'agir d'articles usagés ou d'articles neufs provenant de grossistes. Quoi qu'il en soit, les gens paieront bien si vous leur fournissez ce qu'ils recherchent.

Certaines personnes vont jusqu'à acheter des articles dans des marchés aux puces et des ventes de garage dans le seul but de les revendre sur e-bay avec un bénéfice.

Quelles sont les compétences utiles?

Il n'y a pas beaucoup de compétences nécessaires pour vendre des objets sur e-bay. La capacité à commercialiser vos articles sera la plus importante. Les gens peuvent faire une recherche sur le site pour trouver les articles que vous vendez, mais si vous voulez gagner de l'argent dans ce type d'entreprise, vous voudrez commercialiser ces articles ailleurs pour que les gens les trouvent.

Si vous vendez des objets de votre domicile, vous devez pouvoir prendre une bonne photo de l'objet afin que les gens puissent voir dans quel état il se trouve.

De quels outils avez-vous besoin?

En réalité, les seuls outils dont vous avez besoin pour lancer ce type d'entreprise sont un compte e-bay pour vendre vos objets. Si vous envisagez d'utiliser un mode d'expédition directe, vous devrez trouver un grossiste qui expédiera les articles directement aux clients.

Vous aurez besoin d'un ordinateur avec un accès Internet fiable pour suivre vos ventes. Vous aurez également besoin d'un compte en ligne tel que PayPal pour recevoir de l'argent de vos clients.

Comment commencer?

Ouvrez un compte E-Bay qui vous permet de vendre par leur intermédiaire. Prévoyez également d'acheter des articles sur le site pour vous aider à renforcer vos qualifications d'utilisateur, afin que les gens aient un peu plus confiance en vous.

Postez des photos, si possible, des objets que vous souhaitez vendre. Les objets qui ont une photo d'objets se vendent beaucoup plus vite que ceux qui n'en ont pas. Les gens aiment voir ce qu'ils achètent, alors offrez-leur la meilleure qualité de photo possible.

Consultez tous les documents d'information, ainsi que les règles sur le site E-Bay, pour obtenir des conseils sur la manière de réaliser davantage de ventes et sur le fonctionnement du processus de vente sur le site.

La vente sur E-Bay est un excellent moyen de créer votre propre entreprise en ligne. Cela vous permet d'avoir votre premier contact avec une entreprise en ligne sans avoir à disposer de beaucoup d'équipement au départ. De plus, vous avez l'avantage de vous débarrasser des objets qui encombrent votre maison tout en gagnant un peu d'argent.

Gagnez de l'argent sur les sites d'adhésion

Certains propriétaires d'entreprises en ligne gagnent de l'argent en vendant des abonnements à leurs sites web. Les gens achètent des abonnements pour accéder au contenu que le propriétaire du site web fournit régulièrement.

Par exemple, vous pouvez offrir des adhésions aux internautes qui ont besoin d'articles pour vos sites web. Les adhésions devraient être renouvelées tous les quelques mois environ, en fonction de la qualité de vos adhésions. Chaque fois que quelqu'un renouvelle votre adhésion, vous gagnez plus d'argent.

Le potentiel de profit pour ce type d'entreprise est assez élevé. Il ne vous en coûtera pas beaucoup de fournir des informations à vos membres, mais vous pouvez leur faire payer un bon montant pour y accéder, ce qui vous donne un bénéfice qui continue à donner.

Quelles sont les compétences utiles?

Les compétences en marketing seront les plus utiles. C'est en amenant ces internautes à accéder à votre site pour acheter leurs abonnements que vous gagnerez de l'argent.

Avoir quelques connaissances sur la manière de gérer un site web pourrait également être utile pour assurer le bon fonctionnement de votre site pour vos membres.

Vous voudrez peut-être avoir une certaine connaissance des produits que vous proposez. Par exemple, si vous offrez des articles à vos membres, vous devez savoir ce qui fait la qualité d'un article et comment ils fonctionnent pour différents objectifs.

Quels sont les outils nécessaires?

Vous aurez besoin d'un site web de haute qualité pour faire face aux demandes que le site d'adhésion entraînera. Vous devez fournir un excellent service en cas de problème sur le site. Il existe des logiciels de gestion de sites d'adhésion qui peuvent vous aider à mettre en place un site d'adhésion pour moins de 100 dollars.

Le contenu du site est un autre outil dont vous aurez besoin. Vous devez fournir à vos membres payants de nouveaux contenus à utiliser régulièrement. Cela peut se faire sous forme d'articles écrits, de logiciels ou même de jeux en ligne, selon ce que vous comptez offrir à vos membres.

Comment commencer?

Vous devrez planifier votre site d'adhésion à l'avance. Que comptez-vous offrir à vos membres? S'agira-t-il de contenus, de logiciels, etc. Lorsque vous aurez pris votre décision, proposez un angle nouveau et différent à vos consommateurs.

Vous pouvez fournir du contenu dans un créneau spécifique, comme la nutrition, ou vous pouvez proposer un certain type de contenu écrit, tout ce qu'il faut pour offrir aux internautes un nouvel angle. Cela vous aide à vous démarquer de la foule des concurrents.

Ensuite, créez votre site d'adhésion avec une fonction de panier d'achat pour gérer les paiements d'adhésion. Les logiciels de gestion des adhésions doivent comprendre tout ce dont vous avez besoin pour gérer votre entreprise. Tout ce dont vous auriez besoin est le contenu à donner à vos membres.

L'étape la plus importante sera de commercialiser votre site d'adhésion pour que les gens le trouvent. Les techniques de marketing seront abordées plus loin dans ce rapport.

Les sites d'adhésion peuvent vous fournir un moyen de gagner un revenu résiduel. Si les gens sont satisfaits de ce que vous leur donnez, ils n'auront aucun problème à vous donner leur argent pour continuer à renouveler leur accès au contenu de votre site.

Gagnez de l'argent en vendant des produits

Ce type d'entreprise peut être réalisé de différentes manières. L'un des moyens est de créer et de vendre ses propres produits. Les artisans se lancent souvent dans ce type d'activité pour vendre leurs propres créations au public sur Internet. Les scrapbookers choisissent également cette voie pour leur entreprise.

Une autre façon de vendre des produits consiste à utiliser une boutique en ligne qui vend d'autres produits. Il n'y aurait pas d'inventaire des articles à stocker chez vous, et vous ne devez rien expédier directement de votre domicile. Les produits sont commandés par l'intermédiaire du "magasin" que vous avez créé et le grossiste qui les fournit expédiera les articles directement aux clients pour vous.

Quelles sont les compétences utiles?

Les compétences que vous devez posséder sont la capacité de travailler dur et de bonnes aptitudes pour le service à la clientèle. Vous passerez une grande partie de votre temps à commercialiser vos sites web, afin que les clients potentiels vous trouvent. Vous devrez mettre en place un bon site web pour fournir aux clients tout ce dont ils ont besoin pour décider d'acheter ou non vos produits.

Les clients auront des questions sur vos produits et auront peut-être des problèmes que vous devrez résoudre, c'est pourquoi de bonnes compétences en matière de service à la clientèle seront essentielles. L'établissement d'une bonne relation avec vos clients lancera le cycle de la clientèle en revenant vous acheter davantage. Un service clientèle de premier ordre vous aidera à atteindre cet objectif.

Quels sont les outils nécessaires?

Si vous avez choisi de vendre des produits que vous créez vous-même, vous devrez constituer un stock d'articles pour les créer. Vérifiez auprès de certains vendeurs pour trouver de bonnes affaires sur des articles achetés en gros pour vous aider à économiser de l'argent.

Bien entendu, vous aurez besoin d'un site web et vos clients devront trouver vos produits, voir ce qu'ils sont et avoir un moyen de commander ce que vous proposez. Assurez-vous que le site dispose d'une fonction de panier d'achat afin de faciliter le processus d'achat pour votre entreprise.

Comment commencer?

La première chose à faire est de décider ce que vous allez vendre : créez-vous vos propres produits à offrir ou prévoyez-vous de vendre d'autres produits en utilisant des chargeurs directs?

Si vous envisagez de vendre des articles que vous créez vous-même, vous devrez alors rechercher des vendeurs pour l'inventaire dont vous aurez besoin pour fabriquer ces produits. Réapprovisionnez-les à l'avance, de sorte que lorsque les consommateurs commencent à commander votre produit, vous puissiez les expédier immédiatement et ne pas les faire attendre un jour ou deux de plus pendant que vous les inventez.

Une fois la phase de planification terminée, vous devrez créer votre site web pour les vendre. Assurez-vous que le site est facile à naviguer et qu'il n'est pas trop distrayant pour que votre entreprise se mette hors ligne en quelques secondes.

Bien entendu, la dernière étape pour se lancer dans cette activité sera la commercialisation de vos produits, qui sera abordée plus loin dans ce rapport. Cette étape est la plus importante si vous voulez que votre entreprise soit un succès, alors ne lésinez pas sur les moyens.

La vente de produits est un excellent moyen de gagner de l'argent en ligne. Si vous créez déjà des produits à offrir à vos amis et à votre famille, il n'y a aucune raison de ne pas les mettre en ligne et de commencer à les vendre.

Si l'idée de vendre des produits vous plaît, mais que vous ne voulez pas en créer un pour vous-même ou que vous n'avez tout simplement pas envie d'être créatif, vous pouvez réaliser ce type d'activité en vous faisant envoyer des produits par quelqu'un d'autre. En commençant de cette manière en ligne, vous avez la possibilité de passer le temps nécessaire avec votre famille, tout en continuant à gagner votre vie.

Gagnez de l'argent en vendant des produits de type informationnel

L'internet est un excellent moyen de vendre vos connaissances. Il y a beaucoup de gens qui sont prêts à payer presque n'importe quoi pour obtenir des informations qu'ils veulent désespérément. Si vous avez les connaissances qu'ils veulent, vous pourriez gagner un revenu substantiel.

Les produits d'information se présentent sous de nombreuses formes. Il pourrait s'agir de l'une des situations suivantes :

- Livres électroniques
- Cours électroniques
- Tutoriels
- Guides
- Podcasts

Il s'agit de produits d'information populaires très recherchés par les internautes. Si vous avez quelque chose à dire, ce pourrait être l'affaire pour vous.

Quelles sont les compétences utiles?

Vous devez avoir une connaissance du sujet que vous allez présenter à vos consommateurs. Vous n'aurez pas besoin d'un doctorat ou de quoi que ce soit d'autre pour le faire, mais il serait utile d'avoir de bonnes connaissances dans le domaine.

La capacité à commercialiser vos matériaux sera également utile. Plus vous contactez de personnes avec vos produits, plus les gens voudront acheter chez vous.

Quels seront les outils nécessaires?

Les outils dont vous aurez besoin dépendront de ce que vous prévoyez de fournir. Les livres électroniques et les guides pourraient être rédigés dans un logiciel de traitement de texte puis convertis en document PDF, qui est le type de document le plus populaire que les gens souhaitent.

Des programmes de réponse automatisés seront nécessaires pour créer des cours d'apprentissage en ligne réussis. Les podcasts nécessiteraient un enregistrement audio et un logiciel d'édition. Les tutoriels peuvent être réalisés de deux manières différentes. Vous pouvez utiliser une présentation PowerPoint pour présenter votre matériel ou vous pouvez utiliser un logiciel de tutorat vidéo. Les tutoriels vidéo sont excellents pour montrer aux utilisateurs comment utiliser un programme spécifique étape par étape.

Vous aurez également besoin de sites web et de blogs pour promouvoir vos produits d'information.

Comment commencer?

Vous devrez décider d'un thème pour votre produit. Que savez-vous le plus sur ce que vous pourriez offrir à vos clients potentiels ? Lorsque vous savez ce que vous voulez fournir, faites des recherches sur ce sujet pour voir si vous pouvez trouver un angle nouveau et unique pour le présenter.

Comme il y a beaucoup de livres électroniques, de tutoriels, etc. en vente sur Internet, vous devrez trouver quelque chose de nouveau à offrir à vos clients. Ils ne seront pas aussi disposés à renoncer à leur argent s'ils pensent que vous n'avez rien de nouveau à leur offrir.

Rédigez ou enregistrez votre produit d'information, puis modifiez-le à votre convenance. Une fois que vous l'avez comme vous le souhaitez, vous pouvez commencer à le vendre. Créez un blog ou un site web pour le vendre.

Assurez-vous que le contenu de la copie web du site attire l'attention des internautes afin qu'ils puissent acheter ce que vous proposez.

Engagez un rédacteur si vous pouvez vous permettre d'en rédiger un pour promouvoir ces documents. Ils peuvent rédiger le contenu de manière à rendre votre produit si désirable que tout le monde voudra l'acheter.

La création de produits d'information ne vous coûtera pas beaucoup, mais vous pouvez les vendre avec un bon bénéfice. C'est un excellent moyen de gagner un revenu en ligne tout en conservant un horaire flexible qui vous permet de passer plus de temps avec votre famille.

Gagner de l'argent en bloguant

Les blogs ont commencé il y a des années comme un moyen pour les gens de se connecter avec d'autres et de partager des images, des histoires et des expériences. Il a été considéré comme un excellent outil de journalisation personnelle qui pourrait être utilisé pour marquer l'Internet de leurs rencontres.

Les blogs ont évolué pour devenir d'excellents outils de marketing, ainsi qu'un moyen de gagner de l'argent. Il existe plusieurs façons de tirer des revenus des blogs. En voici quelques-unes:

Annonces Adsense: les moteurs de recherche populaires offrent un moyen de gagner un peu plus d'argent avec n'importe quel blog ou site web. L'idée est de placer ces publicités sur votre site et lorsqu'un visiteur clique sur une publicité de votre site, vous gagnez une somme d'argent prédéterminée. Plus les visiteurs de votre site cliquent, plus vous pouvez faire de choses. Il existe certaines règles, donc si vous choisissez de suivre cette voie, assurez-vous de savoir ce qu'il ne faut pas faire avant de vous inscrire à leurs programmes.

Évaluations de produits: il existe des sites web sur lesquels vous pouvez vous inscrire et qui peuvent vous aider à entrer en contact avec d'autres entreprises qui ont besoin de personnes pour évaluer leurs produits et obtenir une certaine visibilité sur leurs blogs. En général, la principale condition pour cela est d'avoir un blog qui existe depuis un certain temps et qui a un bon nombre de visiteurs. Ces entreprises vous paieraient un montant spécifique pour évaluer votre produit sur leur blog.

Liens contextuels: Certains propriétaires d'entreprises ou de sites web paieront un blogueur pour qu'il publie un de leurs liens sur leurs articles. Les propriétaires peuvent contacter l'auteur du blog ou une société agissant en tant qu'intermédiaire. Ces entreprises trouveront des blogs liés à leurs sites commerciaux, de sorte que les liens fournis sur les blogs seront conviviaux pour les moteurs de recherche. C'est un excellent moyen de gagner du trafic supplémentaire pour un site.

Vendre des produits: les blogs sont un autre moyen de vendre vos propres produits. Ceux qui ont des entreprises qui vendent des articles de décoration ou des produits alimentaires utilisent beaucoup les blogs pour les aider à vendre leurs produits et à gagner plus d'argent en ligne.

Quelles compétences seraient utiles?

Ce type d'entreprise ne requiert pas beaucoup de compétences, si ce n'est la capacité à commercialiser votre blog. Vous voudrez faire des recherches sur les blogs autant que possible pour apprendre certaines des astuces du métier afin de rendre votre blog populaire.

Quels sont les outils nécessaires?

Votre outil principal, en plus d'un ordinateur avec une connexion Internet, serait un blog. Il existe de nombreux programmes de blog parmi lesquels vous pouvez choisir. Certains sont libres de s'installer, tandis que d'autres exigent une cotisation mensuelle ou annuelle pour démarrer.

Les versions payantes des programmes de blogs peuvent vous aider à vous connecter avec d'autres blogs et à augmenter le trafic de votre blog. Les versions gratuites sont extrêmement faciles à mettre en place et la plupart sont très populaires auprès des blogueurs, il ne serait donc pas trop difficile de trouver des personnes avec lesquelles se connecter.

Comment puis-je commencer?

Inscrivez-vous à un programme de blog et commencez à y poster. Assurez-vous que vous bloguez régulièrement, c'est-à-dire environ deux fois par semaine. Les blogs qui ne sont pas mis à jour régulièrement ont tendance à se perdre dans le cyberespace.

Commercialisez votre blog autant que possible. Abonnez-vous aux annuaires de blogs, entrez dans les listes de blogs d'autres personnes et commentez les articles d'autres auteurs de blogs pour obtenir une certaine exposition à votre blog. Plus le trafic sur votre blog est important, plus vous avez de chances de faire des blogs un moyen lucratif de gagner de l'argent.

La plupart des programmes de blogage ont un journal pour les annonces AdSense déjà inclus dans leurs paramètres, donc le démarrage sera facile. Si vous souhaitez fournir des critiques de produits et des liens contextuels, vous voudrez bloguer pendant un certain temps et obtenir un bon trafic.

Lorsque votre blog sera prêt, recherchez des entreprises qui vous aideront à entrer en contact avec des entreprises qui veulent payer pour faire évaluer leurs produits ou faire insérer leurs liens dans vos articles de blog. Une fois que vous êtes installé, vous pouvez commencer à gagner des revenus supplémentaires avec votre blog.

Le blog est un moyen facile de gagner un peu d'argent supplémentaire si vous comptez travailler dur pour le commercialiser. Ceux qui réussissent à bloguer pour de l'argent utilisent tous les moyens possibles pour faire connaître leur blog dans les communautés Internet. Ceux qui ne le font pas, ont tendance à ne gagner que quelques centimes par semaine.

Devenez l'un des blogueurs les plus prospères et faites de votre blog votre entreprise et pas seulement un passe-temps auquel participer de temps en temps. Votre portefeuille vous en remerciera.

Gagnez de l'argent en formant les autres

Un coach est quelqu'un qui prend ses connaissances dans un métier particulier et les partage avec d'autres qui veulent aussi réussir dans ce domaine. Les coachs peuvent être des experts dans tous les domaines, de la rédaction au marketing en passant par l'entreprise elle-même.

Si vous avez de bonnes connaissances ou de l'expérience dans un domaine particulier, vous pouvez devenir coach assez facilement et gagner de l'argent en le faisant. Il existe de nombreux coachs qui aident les autres dans la conception de sites web, le graphisme et même dans le domaine du coaching.

Un coach offrirait des conseils et des techniques aux nouveaux arrivants dans ce domaine et répondrait aux questions tout au long de leur processus d'apprentissage.

Quelles sont les compétences utiles?

La compétence la plus importante que vous devez avoir pour ce type d'entreprise est la capacité à être à l'écoute. Vous devez également avoir beaucoup de patience pour vos clients. Ceux qui vous engagent pour les former veulent que vous écoutiez leurs mauvaises expériences et que vous les aidiez à sortir du pétrin dans lequel ils se trouvent, même si cela peut paraître étrange.

Pour établir une bonne relation et une bonne crédibilité dans ce domaine, vous devez bien connaître votre domaine. Si vous n'avez jamais conçu un site web auparavant, il ne serait pas judicieux d'être coach en conception web, car votre manque d'expérience sera immédiatement détecté et vous perdrez votre confiance.

Quels seront les outils nécessaires?

Dans ce type d'entreprise, vous devez disposer des éléments suivants

- Ordinateur
- Programme de courrier électronique
- Site web

- Contenu informatif pour votre site.
- Fonction de panier d'achat pour votre site afin de gérer les paiements
- Téléphone dédié à des fins professionnelles.

La plupart de vos conversations avec vos clients se feront probablement par l'intermédiaire de vos programmes de courrier électronique, mais certaines personnes se sentiront peut-être plus à l'aise pour vous parler de manière plus individuelle, c'est pourquoi vous devriez inclure un téléphone dans votre liste d'outils.

Comment commencer?

Planifiez votre entreprise. Quel service allez-vous offrir que vous connaissez bien ? Faites créer des articles et d'autres contenus écrits à placer sur un site web pour aider à renforcer la crédibilité et le statut d'expert de votre entreprise.

Expliquez sur votre site comment fonctionne votre service et à combien s'élèveront vos frais. Montrez quelques témoignages d'autres personnes qui ont déjà utilisé vos services et qui ont été satisfaites des résultats. Facilitez la navigation sur votre site afin que d'autres personnes ne se perdent pas en essayant de trouver des informations sur votre entreprise de coaching.

Commercialisez votre activité de coaching pour que les clients viennent à vous. Planifiez les objectifs que le client souhaite atteindre en l'utilisant et discutez de la manière dont ces objectifs seront atteints. Écoutez leurs problèmes et leurs questions et apportez des réponses et un soutien judicieux pour qu'ils continuent à progresser vers leurs objectifs.

Les entraîneurs sont très recherchés en ligne pour ceux qui ont de bonnes connaissances ou de l'expérience dans un domaine particulier. Utilisez ce que vous savez sur un sujet et offrez un service de formation aux autres pour les aider à devenir des experts comme vous dans le même domaine.

Gagnez de l'argent dans le domaine de la généalogie

C'est une opportunité commerciale parfaite pour ceux qui aiment la recherche et qui aiment apprendre sur nos ancêtres. Les généalogistes gagnent leur vie en créant des arbres généalogiques pour d'autres personnes qui n'ont pas le temps ou la patience de le faire eux-mêmes.

Presque tout le monde aime savoir d'où ils viennent et ce que leurs ancêtres ont fait qui aurait pu laisser une trace sur le monde. Vous pouvez profiter de leur curiosité en faisant des recherches pour eux et en leur fournissant leur patrimoine familial.

Quelles compétences seraient utiles?

L'excellence de la recherche et des compétences organisationnelles sera une priorité. Ces compétences sont l'essence même de la généalogie. Vous devrez savoir où et comment faire des recherches sur le patrimoine de chaque famille et être en mesure de placer toutes les informations dans un format facile à comprendre pour vos clients.

Quels sont les outils nécessaires?

Vous aurez besoin d'un ordinateur avec une connexion Internet fiable. Vous devriez vous abonner à certains des meilleurs sites de généalogie disponibles pour vos recherches. Vous devriez également investir dans des guides ou assister à des cours pour apprendre quelques trucs et astuces pour la recherche d'arbres généalogiques.

Vous auriez besoin d'un site web pour gérer votre entreprise. Les clients devront savoir comment vous faites votre travail et combien vous facturez. Fournissez si possible quelques échantillons pour montrer aux clients à quel point votre travail est minutieux.

Comment commencer?

Rassemblez toutes vos fournitures et trouvez des sites de généalogie auxquels vous pouvez vous abonner. Créez un site web pour vendre votre service et commencez ensuite à commercialiser votre entreprise pour attirer les clients sur votre site.

Utilisez vos ressources Internet pour vos recherches, ainsi que les bibliothèques locales, les tribunaux et les sociétés historiques. Il se peut que vous deviez interroger des personnes pour accéder à certaines informations, vous devrez donc peut-être trouver un téléphone à utiliser.

Créez votre document d'arbre généalogique qui contient toutes les informations sur le patrimoine familial ou utilisez les logiciels qui les fournissent.

Si vous aimez faire des recherches et que vous vous intéressez aux documents historiques, vous devriez envisager ce type d'entreprise. Répondre aux exigences des gens qui veulent découvrir l'histoire de leur famille et gagner de l'argent en faisant quelque chose qu'ils aiment faire.

Gagnez de l'argent avec la PAO

Si vous êtes une personne créative et que vous savez bien utiliser un ordinateur, envisagez une entreprise en ligne avec publication assistée par ordinateur. C'est là que vous pouvez créer des documents, des dépliants, des brochures, des calendriers et des annonces.

Tous ces types de documents sont créés à l'aide d'un ou deux programmes sur votre ordinateur, vous n'aurez donc pas besoin de machines coûteuses pour les créer.

Nombreux sont ceux qui cherchent ces pages créatives pour toutes sortes d'utilisations et ne savent pas comment en créer une. Si vous avez des connaissances dans ce domaine, vous pouvez les utiliser pour gagner de l'argent en leur fournissant ces créations.

Quelles sont les compétences utiles?

La capacité à se déplacer dans un ordinateur et à utiliser divers types de logiciels sont des compétences que vous devriez posséder. Il n'est pas nécessaire d'être un artiste pour être dans ce métier, car tout se fait par ordinateur.

Quels sont les outils nécessaires?

En plus d'un ordinateur, vous devez disposer du matériel suivant:

- Logiciels de publication assistée par ordinateur
- Logiciels d'édition de photos
- Imprimante laser ou couleur
- Scanner
- Papier pour imprimante de haute qualité

Assurez-vous que vous savez utiliser correctement toutes les fonctions de votre équipement afin de pouvoir fournir un service de la meilleure qualité à vos clients.

Comment commencer?

Vous devez vous procurer tout l'équipement nécessaire à la gestion de votre entreprise. Choisissez un créneau pour concentrer vos efforts de marketing et créez ensuite un site web pour refléter ce créneau. Votre site web doit fournir aux clients potentiels des échantillons de votre travail pour mettre en valeur votre expertise dans ce domaine.

Vous pouvez également vous perfectionner en lisant des tutoriels ou des guides dans le domaine de la publication assistée par ordinateur.

La publication assistée par ordinateur peut être une activité très enrichissante pour quiconque entreprend et aime réaliser des créations pour rendre quelqu'un jaloux. Si vous êtes de ceux-là et que vous voulez quelque chose qui vous donne de la flexibilité, c'est l'entreprise à laquelle vous devez vous inscrire.

Créer une entreprise à partir d'idées inhabituelles

Nous avons discuté des moyens plus conventionnels de créer une entreprise en ligne. Il existe également des moyens non conventionnels qui devraient être envisagés. Par "non conventionnel", nous entendons les idées qui sont apparues et dont d'autres se sont moqués. Ces gens qui ont porté ces idées au sommet et qui ont gagné leur vie. Ce sont quelques-unes de ces idées qui, selon les gens, ne prendraient jamais leur envol:

Vente de vieux séminaires: Un enfant a gagné sa vie en trouvant et en vendant de vieux séminaires qui se vendaient à l'origine à des milliers de dollars.

Noms de domaine: Quelqu'un a eu l'idée de vendre un service de noms de domaine pour d'autres personnes. Cela semble fou, mais l'entreprise a décollé pour eux. Il s'avère que certaines personnes avaient besoin de ce service.

La vente de bijoux de fiançailles usagés: Cette idée serait venue de quelqu'un qui a rompu ses fiançailles, a récupéré la bague mais a découvert qu'il ne pouvait pas la rendre à sa pleine valeur. Ils ont créé un endroit où d'autres personnes dans le même bateau peuvent vendre leurs bijoux et récupérer ce qu'ils ont payé ou s'en approcher le plus possible.

Vendre des papillons pour vivre: Oui, c'est possible, ou du moins c'est ce qu'une personne a découvert quand quelqu'un lui a parié qu'il ne pourrait pas les vendre. Non seulement il a gagné ce pari, mais il a fait beaucoup de choses sur cette petite idée.

Il y a beaucoup d'autres idées que les gens ont soumises et qui ont fonctionné comme une entreprise en ligne, alors vérifiez vos banques de mémoire et voyez s'il y a une idée cachée là que personne ne croirait capable de fonctionner. Il pourrait simplement leur prouver qu'ils ont tort...

Commercialiser votre entreprise en ligne Stratégies pour réussir votre entreprise

Maintenant que vous avez appris à choisir entre plusieurs entreprises en ligne, vous voudrez apprendre quelques moyens de commercialiser votre entreprise afin de pouvoir réussir comme beaucoup d'autres spécialistes du marketing sur Internet qui ont parcouru la distance que vous souhaitez.

Découvrez quelques-unes des stratégies de marketing les plus populaires pour votre entreprise en ligne.

Site Web

Le site web de votre entreprise en ligne est l'endroit idéal pour commencer. S'il y a une chose qui peut faire ou défaire votre entreprise, c'est bien le site web lui-même. Voici quelques éléments qu'il est important de connaître sur votre site web à des fins de marketing:

Nom de domaine: Le nom de domaine est l'adresse permettant de trouver votre site sur l'internet. Vous voulez choisir un nom de domaine qui correspond étroitement à votre site ou à votre nom d'entreprise. Cela permet à tout internaute de trouver facilement votre entreprise s'il recherche un certain sujet. Une correspondance exacte serait la meilleure option, mais si elle n'est pas disponible, essayez d'en trouver une qui soit la plus proche possible.

Mots-clés : utilisez les meilleurs mots-clés à placer dans le contenu de votre site. Les mots clés sont des mots que les moteurs de recherche Internet utilisent lorsqu'ils se rendent sur les moteurs de recherche pour trouver des informations sur un sujet spécifique. Le moteur de recherche indexera les mots clés et les placera sur la page de résultats pour un utilisateur. Plus votre site se trouve en haut de la page de résultats, plus l'utilisateur est susceptible de choisir votre site pour le visiter.

Marketing de niche: Une niche réduit votre entreprise à commercialiser auprès d'un certain groupe de personnes. Limitez vos efforts de marketing à un groupe plus restreint pour vous aider à offrir à vos consommateurs ce qu'ils veulent. Les groupes plus importants comptent trop de personnes qui ont des besoins différents. Il est donc difficile d'intéresser votre public à ce que vous avez. Les petits groupes seront les personnes les plus susceptibles de vouloir ce que vous avez, de sorte que la commercialisation sera beaucoup plus facile.

Votre site web doit refléter le créneau que vous choisissez pour votre entreprise. Si vous ciblez les mères de jeunes enfants, votre site doit en tenir compte. Le contenu du site devrait être rédigé de manière à ce que les mères puissent s'y retrouver. Cela permettra également d'améliorer les moteurs de recherche.

Blog : fournissez un blog pour accompagner votre site. Il doit être en rapport avec le thème de votre site d'entreprise. Les blogs personnels ne doivent pas être utilisés ici. Si vous utilisez un programme de blog qui n'est pas connecté à votre site, essayez de concevoir le modèle de blog de manière à ce qu'il corresponde le plus possible au site de votre entreprise, afin que le blog ait l'air de correspondre au site.

Les blogs sont un autre moyen d'utiliser les moteurs de recherche pour gagner des visiteurs. Lorsqu'un visiteur trouve votre blog, il peut voir que vous avez plus d'informations à offrir sur ce sujet ailleurs sur votre site web, il peut donc cliquer sur le lien fourni.

Courrier indésirable

Les courriers électroniques sont essentiels à toute campagne de marketing. C'est ainsi que vous gardez votre entreprise et vos produits frais dans l'esprit de vos clients potentiels. Faire en sorte qu'un visiteur visite votre site est une chose, mais faire en sorte qu'il se souvienne de vous parmi les millions d'autres sites web est une chose en soi, surtout lorsqu'il est intéressé par un achat.

Des courriers électroniques sont envoyés à intervalles réguliers pour fournir des informations aux visiteurs du site web afin de les aider à renforcer leur crédibilité et à mettre le nom de votre entreprise en première page. Cela peut se faire de deux manières différentes. Pour obtenir des adresses électroniques pour envoyer vos messages, vous devrez fournir une fonction optionnelle de courrier électronique sur votre site afin que les gens puissent s'inscrire pour recevoir des mises à jour sur ce que vous proposez ou pour obtenir plus d'informations.

Bulletins d'information: Ils sont utilisés pour fournir de courts articles sur des sujets liés à votre entreprise. Par exemple, si vous vendez des vitamines et des minéraux, votre bulletin d'information peut proposer des articles sur les pratiques de santé alternatives, etc. pour montrer l'importance que votre produit revêt pour eux.

Les bulletins d'information peuvent être envoyés dans vos boîtes aux lettres électroniques avec l'introduction d'un article et un lien où ils peuvent se rendre sur votre site pour lire le reste de l'article. Cela permet aux utilisateurs de se familiariser avec votre site et de se souvenir plus facilement du moment où ils décident d'acheter quelque chose que vous proposez.

Cours en ligne: Vous pouvez disposer d'une fonction d'inscription sur votre site pour que les visiteurs puissent apprendre les bases d'un sujet. Si vous vendez des produits vitaminés, vous pouvez utiliser un cours en ligne pour apprendre à vos lecteurs comment choisir les meilleurs produits pour différents types de problèmes de santé.

Les cours en ligne sont généralement envoyés sur une période de 5 à 7 jours et sont souvent offerts gratuitement. Cela permet de garder le nom de votre entreprise à l'esprit en vous rappelant chaque jour que le cours électronique arrive dans votre boîte de réception.

Mises à jour: Pour ceux qui ont acheté quelque chose chez vous ou pour les personnes qui se sont inscrites à cette fonction, vous pouvez leur fournir des mises à jour sur vos produits, des réductions, des cadeaux, etc. Ainsi, si vous n'incitez pas un visiteur à acheter votre produit lors de la première visite, il peut voir plus tard quelque chose qui attire son attention et l'incite à acheter.

Les mises à jour peuvent également contribuer à augmenter le trafic vers votre site. Ceux qui se sont déjà inscrits sur vos listes auront des amis, de la famille, des voisins et des collègues de travail qu'ils pourront référer à votre entreprise en transmettant simplement les messages.

Articles et autres contenus écrits

En plus de fournir un bon contenu de site web, les articles et autres contenus écrits peuvent être utilisés de diverses manières pour commercialiser votre entreprise. Voici quelques-unes de ces manières :

Répertoires d'articles: Les répertoires d'articles constituent d'excellentes tactiques de marketing pour votre entreprise. En écrivant et en soumettant un article lié au site de votre entreprise, vous pouvez accomplir deux choses...

1. la crédibilité du sujet sur lequel vous avez écrit

2. Augmentez le trafic sur votre site en fournissant un lien vers le site web de votre entreprise dans la section biographie de l'auteur qui se trouve dans les sites de l'annuaire des articles.

Ces sites d'annuaire sont généralement bien classés dans la page de résultats des moteurs de recherche, de sorte qu'une personne qui tombe sur un de vos articles soumis dans un annuaire peut trouver son chemin vers votre site web pour obtenir plus d'informations sur ce sujet.

Articles placés dans la lettre d'information ou le blog d'un autre site: En étant rédacteur invité sur le blog ou la lettre d'information d'une autre personne, vous pouvez communiquer avec un groupe de personnes à la recherche d'informations sur un sujet.

Vous devez fournir un lien vers votre site dans ces articles et ensuite rendre la pareille en demandant à l'autre propriétaire du site web de fournir le même type d'articles dans ses bulletins d'information ou ses blogs.

Articles sur Digg ou des sites similaires: Le fait de soumettre un de vos articles sur Digg ou un type de site similaire vous donnera un meilleur accès à votre site. Digg est un site qui propose des articles que d'autres internautes ont trouvé bons. Les articles qui reçoivent une grande quantité de "Diggs" seront envoyés à la page d'accueil où de nombreux utilisateurs les consulteront et les passeront en revue. Le lien vers votre site pourrait être inclus pour ceux qui veulent plus d'informations sur le sujet.

Proposez des livres électroniques ou des guides: Vous pouvez fournir à vos consommateurs des informations sur un sujet et inclure un lien vers votre site pour qu'ils se familiarisent avec votre entreprise. Ils peuvent être offerts gratuitement ou à un prix modique.

Le mot "gratuit" peut être un mot puissant pour tout utilisateur et attirer son attention assez facilement. Il leur fournirait des informations de base sur un sujet et ils pourraient être intéressés par l'achat d'un livre électronique contenant des informations plus détaillées sur le même sujet.

Socialiser pour le marketing

L'un des moyens les plus efficaces de trouver le trafic que vous recherchez est de rencontrer d'autres personnes partageant les mêmes idées. Ce sont les moyens de socialisation les plus populaires pour vos besoins de marketing:

Commentaires de blog: Trouvez d'autres blogs qui ont le même type de sujet que votre site web. Postez une réponse sur certains de vos messages. Le lien sur votre site web sera associé à votre nom et ceux qui cherchent plus d'informations sur ce sujet consulteront votre site ou votre blog et verront ce qu'ils ont à offrir.

Rejoignez les communautés de forums: Trouvez les communautés de forums qui ont des sujets liés à votre site web. Le lien de votre site web pourrait se trouver sur la ligne de signature, ce qui permettrait à d'autres personnes de trouver leur chemin vers le site pour voir ce que vous avez. Vérifiez d'abord le règlement du conseil d'administration pour vous assurer que cela est autorisé.

En publiant régulièrement sur ces forums, vous pouvez acquérir une crédibilité en tant qu'expert sur ce sujet et gagner une certaine confiance auprès de certains consommateurs potentiels qui pourraient envisager d'acheter chez vous. De plus, d'autres membres du conseil d'administration peuvent vous recommander des personnes qui connaissent votre site, alors assurez-vous de renvoyer tout ce que vous recevez à ces communautés.

Sites de réseautage social: Les sites de réseautage social comprennent des sites populaires tels que MySpace et Facebook. Ces sites attirent des personnes qui recherchent d'autres personnes intéressées par les mêmes choses qu'elles.

Les spécialistes du marketing sur Internet les utilisent tout le temps pour entrer en contact avec les personnes de leur public cible. Les personnes qui ont le même intérêt que vous peuvent communiquer et commencer à établir une relation de confiance avec vous. Ils seront plus réceptifs à l'idée d'acheter auprès d'un membre de votre "groupe" ou ils pourront transmettre vos informations commerciales à d'autres personnes qu'ils connaissent.

Techniques de marketing diverses

Voici quelques autres techniques à utiliser dans vos campagnes de marketing:

Programmes d'affiliation: Lancez vos programmes d'affiliation pour vos produits. Laissez d'autres personnes gagner un peu d'argent en commercialisant vos produits à votre place. Votre site sera plus fréquenté grâce aux efforts de quelqu'un d'autre.

Apprenez à lancer votre propre programme d'affiliation et créez une page web sur votre site pour que d'autres personnes puissent s'inscrire comme vos affiliés. Vous pouvez l'annoncer dans vos bulletins d'information et dans vos messages de mise à jour.

Adwords: Les moteurs de recherche offrent cette fonctionnalité aux propriétaires d'entreprises pour acheter de l'espace publicitaire sur les pages de résultats de recherche. Chaque fois que quelqu'un clique sur cette annonce, le moteur de recherche se voit facturer une certaine somme d'argent.

Comme vous payez pour les clics, vous voudrez fournir l'annonce la plus souhaitable possible pour augmenter votre retour sur investissement. Les mauvaises publicités peuvent vous coûter de l'argent, car tous ceux qui cliquent sur ces publicités ne voudront pas acheter. Gardez une trace de ces annonces et supprimez-les ou mettez-les à jour si nécessaire pour éviter de perdre trop d'argent pour votre entreprise.

Campagne de bouche à oreille: C'est la technique de marketing la plus simple qui soit. Une simple campagne de bouche-à-oreille permettra aux gens de transmettre les informations sur votre entreprise à d'autres personnes, etc.

Cela fonctionne très bien pour les clients locaux et les clients qui entendent parler de votre entreprise et la transmettent à d'autres qui peuvent être à la recherche des mêmes produits ou informations. C'est aussi un moyen peu coûteux de commercialiser votre entreprise.

Utiliser les communiqués de presse: Cette option peut être utilisée si vous venez d'ouvrir vos portes ou si vous proposez une remise ou une vente spéciale. Les communiqués de presse sont envoyés à des sites qui les affichent pour les internautes à la recherche d'informations spécifiques.

Ils sont rédigés comme s'il s'agissait de nouvelles, et ils affichent leurs "nouvelles" avec des titres et des informations qui attirent l'attention. Votre vente, rabais ou création d'entreprise serait très exposée aux consommateurs et clients potentiels.

Un communiqué de presse bien rédigé pour annoncer ce que vous proposez peut être exactement ce qu'il vous faut pour attirer un grand nombre de visiteurs sur le site web de votre entreprise. Envisagez d'en faire une périodiquement pour aider à garder le nom de votre entreprise bien présent dans l'esprit des gens.

Passez une annonce dans le journal local : il n'y a pas de règle qui stipule que vous devez uniquement commercialiser sur Internet, alors pourquoi ne pas essayer de commercialiser localement en passant des annonces dans les journaux locaux? Ces annonces sont vues par la plupart des personnes qui vivent dans cette zone et reçoivent ce document.

Parfois, les entreprises obtiennent leurs premières transactions de vente de clients locaux. Ne négligez donc pas votre région lors de la planification de votre campagne de marketing.

Podcasting: Le podcasting est un contenu audio que les gens utilisent pour fournir des informations qu'ils entendent plutôt que de lire. Il leur donne un moyen différent de s'informer sur un sujet qui les intéresse. Les gens aiment la possibilité de podcasting pour écouter tout en faisant autre chose et ne pas avoir à être collé à leur écran d'ordinateur.

Votre entreprise gagne en crédibilité et en confiance auprès des auditeurs. Ces auditeurs peuvent devenir des clients, de sorte que votre site web sera lié au programme audio.

Marketing amusant

Les gens aiment s'amuser, alors pourquoi ne pas leur fournir vos techniques de marketing? Voici quelques moyens de le leur donner:

Organiser un concours: Les gens viendront de partout lorsqu'un concours sera annoncé. Lancez-en un sur votre blog ou votre site pour générer plus de trafic. Vous devrez faire un gros travail de marketing pour que les gens soient au courant, mais une fois qu'ils le sauront, ils viendront en courant.

Faites de votre concours un événement amusant auquel presque tout le monde peut participer. Offrez un prix qui en vaut la peine pour le gagnant du concours. Si vous ne le faites pas, les gens ne viendront pas courir la prochaine fois que vous organiserez un concours ou quelque chose pour votre entreprise.

Un concours peut prendre la forme de quizz, d'un safari sur Internet ou simplement d'un tirage au sort.

Ayez des produits promotionnels avec le logo de votre entreprise : des sites web comme Café express fabriquent des produits comme des T-shirts, des stylos, des tasses et même des chapeaux avec votre logo. Certains d'entre eux peuvent être donnés ou vous pouvez demander aux internautes de les acheter par le biais d'un lien sur votre site.

Ces articles promotionnels peuvent être affichés de manière à ce que toute personne qui entre en contact avec cet article puisse voir votre logo et soit curieuse de savoir de quelle entreprise il s'agit. Ils peuvent ensuite effectuer une recherche sur votre site pour savoir exactement ce que vous proposez.

Dernières pensées

Tout le monde peut gérer son propre commerce en ligne, qu'il ait ou non une grande expérience des affaires. Tout ce dont vous avez vraiment besoin, c'est de la volonté de réussir et de la capacité à travailler dur et à apprendre tout ce que vous pouvez sur l'entreprise dans laquelle vous décidez d'entrer.

Grâce aux nombreuses possibilités offertes aux entreprises en ligne, vous pouvez en trouver une qui répond à vos besoins et aux compétences que vous devriez apporter. Utilisez toutes les méthodes de marketing possibles pour faire connaître votre entreprise dans tous les coins du monde de l'Internet et pour augmenter le trafic vers votre site.

Le dur labeur et la sueur que vous y avez mis au début seront récompensés à la fin, car vous pourrez commencer à vous détendre un peu et peut-être engager quelqu'un d'autre pour effectuer certaines de vos tâches quotidiennes à votre place. Quelle meilleure façon de gagner sa vie que d'engager quelqu'un d'autre pour effectuer votre dur labeur à votre place?

L'internet offre chaque jour aux chefs d'entreprise de plus en plus de possibilités de gagner de l'argent, alors pourquoi ne pas monter dans la voiture dès maintenant et commencer à récolter une partie des bénéfices que les autres vendeurs sur internet obtiennent? S'ils peuvent le faire avec peu d'expérience en affaires, vous pouvez le faire aussi.

Visitez notre site web! Obtenez d'autres livres de MENTES LIBRES!

https://www.amazon.fr/MENTES-LIBRES/e/B08274DDV4?ref_=dbs_p_ebk_r00_abau_000000

Si vous le souhaitez, vous pouvez laisser votre commentaire sur ce livre en cliquant sur le lien suivant afin que nous puissions continuer à nous développer! Merci beaucoup pour votre achat!

https://www.amazon.fr/dp/B0898PN6W6

www.ingramcontent.com/pod-product-compliance
Lightning Source LLC
Chambersburg PA
CBHW050245220526
45465CB00002B/556